THIS SKETCH BOOK BELONGS TO

_____

Date created : _____

Date created : _____

Date created : _____

Date created : _____

Date created : _____

Date created : _____

Date created : _____

Date created : _____

Date created : _____

Date created : _____

Date created : _____

Date created : _____

Date created : _____

Date created : _____

Date created : _____

Date created : _____

Date created : _____

Date created : _____

Date created : _____

Date created : _____

Date created : _____

Date created : _____

Date created : _____

Date created : _____

Date created : _____

Date created : _____

Date created : _____

Date created : _____

Date created : _____

Date created : _____

Date created : _____

Date created : _____

Date created : _____

Date created : _____

Date created : _____

Date created : _____

Date created : _____

Date created : _____

Date created : _____

Date created : _____

Date created : _____

Date created : _____

Date created : _____

Date created : _____

Date created : _____

Date created : _____

Date created : _____

Date created : _____

Date created : _____

Date created : _____

Date created : _____

Date created : _____

Date created : _____

Date created : _____

Date created : _____

Date created : _____

Date created : _____

Date created : _____

Date created : _____

Date created : _____

Date created : _____

Date created : _____

Date created : _____

Date created : _____

Date created : _____

Date created : _____

Date created : _____

Date created : _____

Date created : _____

Date created : _____

Date created : _____

Date created : _____

Date created : _____

Date created : _____

Date created : _____

Date created : _____

Date created : _____

Date created : _____

Date created : _____

Date created : _____

Date created : _____

Date created : _____

Date created : _____

Date created : _____

Date created : _____

Date created : _____

Date created : _____

Date created : _____

Date created : _____

Date created : _____

Date created : _____

Date created : _____

Date created : _____

Date created : _____

Date created : _____

Date created : _____

Date created : _____

Date created : _____

Date created : _____

Date created : _____

Date created : _____

Date created : _____

Date created : _____

Date created : _____

Date created : _____

Date created : _____

Date created : _____

Date created : _____

Date created : _____

Date created : _____

Date created : _____

Date created : _____

Date created : _____

Date created : _____

Date created : _____

Date created : _____

Date created : _____

Date created : _____

Date created : _____

Date created : _____

Date created : _____

Made in the USA
Monee, IL
23 November 2020